CHANSONNIER

DE TOUS LES ÉTATS,

OU

Recueil de Chansons tirées des meilleurs auteurs anciens et modernes, pour et contre les *tailleurs, colporteurs, marchandes de modes, lingères, degraisseurs, epiciers, cuisiniers, boulangers et boulangeres, laitières, mercières, horlogers, parfumeurs*, etc., etc., etc., et généralement tous les métiers, états et emplois.

Il n'y a pas de sot métier.

PARIS,

Chez {
CAILLOT, père et fils, Libraires, rue St.-André-des-Arts, n° 57.
DELARUE, Libraire, quai des Augustins, u° 15.
}

EPERNAY, DE L'IMP. DE WARIN-THIERRY.

CHANSONNIER

DE TOUS LES ETATS.

LA BOUQUETIÈRE

ET LE CROQUE-MORT.

Air : *Ah! le cœur à la danse.*

Je n'suis qu'un' bouqu'tière et j'n'ai rien ;
  Mais d'vos soupirs je m'lasse ;
Monsieur l' croq'-mort , car il faut bien
  Vous dir' vot' nom z'en face ;
  Quoiqu' je sois t'un esprit fort ,
  Non, je n' veux point d'un croqu'-mort.
    Encor jeune et jolie ,
Moi j' vends rosiers , lis et jasmins ,
    Et n' me sens point l'envie
    De passer par vos mains.

C' t'amour qui fait plus d'un hasard ,
  Vous tire par l'oreille , .
Depuis l' jour où vot' corbillard
  Renversa ma corbeille ;

Il m'en coûta plus d'une fleur,
Vot' métier leux porte malheur.
    Encor, etc.

'A d'bons vivans j'aime à parler,
    Eh ! monsieur, n' vous déplaise ;
Avec vous m' faudrait z'étaler
    Mes fleurs chez l' pèr' Lachaise ;
    Mon commerce est mieux fêté
    A la porte d' la gaîté.
    Encor, etc.

Parc' que vous r'tournez d' grands sei-
        gneurs,
    Vous vous en fait's accroire,
Mais si tant d'gens qu'ont des honneurs
    Vous doivent tous un pour boire,
    Y en a plus d'un ' sans m'vanter,
    Qu'j'avons fait ressusciter.
    Encor, etc.

J' f'rai courte et bonne, et j'y consens,
    En passant v'nez-moi prendre ;
Mais qu' ce n' soit point-z-avant dix ans,
    Adieu croq'-mort si tendre !

P'têt' bien qu'en s'impatientant
Un' pratique vous attend ;
  Encor jeune et jolie,
Moi j' vends rosiers, lis et jasmins,
  Et n' me sens point l'envie
  De passer par vos mains.

BÉRANGER.

A UN JEUNE MÉDECIN.

AIR : *Nous sommes précepteurs d'amour.*

Soit malade, soit en santé,
Qu'on est heureux de vous connaître !
Le plaisir et l'utilité
Font qu'avec vous il est bon d'être.

Par votre adresse et vos talens,
Hyppolite eût repris la vie ;
Mais vos façons en même temps
Auraient séduit son Aricie.

DE L'ATTAIGNANT.

1*

A MON TAILLEUR.

Air: *O Fontenai, etc.*

O mon tailleur ! que vous êtes aimable,
D'avoir coupé mon habit de façon
Qu'aux yeux d'Aminte, ô prodige in-
    croyable !
Je sois enfin devenu beau garçon.

C'est pour vous seul, cher tailleur, que
    je chante ;
Le teinturier n'a rien à réclamer ;
C'est votre coupe, et légère et brillante,
Qui fait qu'on m'aime et que j'ai su char-
    mer.

Ne perdez pas, s'il vous plaît, ma mesure,
Elle et vos doigts forment tout mon trésor;
Ah ! je leur dois bien plus qu'à la nature,
Puisque sans eux je déplairais encor !

Ah! bien méchant est qui vous décrédite !
Vous des voleurs ! c'est un mensonge,
    hélas!

Est-on voleur en donnant du mérite
Aux malheureux qui n'en possèdent pas?

Ce qu'on débite est pure calomnie ;
Je soutiens, moi, que tailler en pleins
   draps,
Dans un artiste annonce du génie ;
Le sot bon sens, lui seul, tient le compas.

Mais si j'ai plu, d'autres pourraient bien
   plaire,
Cela dépend de vos savans ciseaux ;
Je vous promets, ami, triple salaire,
Si vous gâtez le drap de mes rivaux.

CUINET D'ORBEIL.

LE PROCUREUR.

AIR : *Réveillez-vous, belle endormie.*

PAR ma foi j'en perdrai la tête....
Ce coup me déchire le cœur.
Je n'avais qu'un parent d'honnête ;
Ce parent se fait procureur.

DE COUJOU de Bayeux.

A UN IMPRIMEUR.

Air; *La foi que vous avez promise.*

L'Amour a déserté Cythère,
Pour faire ici plus d'un métier.
On l'a vu tour-à-tour notaire,
Médecin, quêteur, bijoutier.
Pendant un temps il fut libraire,
Une autre fois prédicateur ;
Tout récemment il vient de faire
Essai de l'état d'imprimeur.

Il est d'un nouveau *caractère*,
Bien mieux que Didot, inventeur ;
Et celui-là doit toujours plaire
A l'œil du plus fin amateur.
Quoiqu'il soit lisible à tout âge,
Dans tous les lieux, dans tous les temps,
Il est bien mieux, dans un bocage,
Débrouillé par œil de quinze ans.

Dans son état il veut tout faire ;
Il est tout à la fois auteur,

Prote et fondeur de caractère,
Ouvrier et compositeur.
Même on a les meilleures preuves
Que, sans le plus léger regret,
Il revoit souvent ses *épreuves*
Pour les corriger en secret.

Comme il faut partout l'œil du maître,
Il ne s'en rapporte qu'à lui :
Un seul regard lui fait connaître
Quand une épreuve a réussi.
Ses *presses* actives et légères
Aussitôt se mettent en train ;
Et plusieurs mille d'exemplaires
Sont tirés en un tour de main.

L'ouvrage est prêt, il va paraître ;
Mais un petit *in-octavo*,
Souvent, grâce aux talens du maître,
Devient un grand *in-folio*.
Lorsque ce prodige s'opère,
Plus d'une fillette aussitôt
Cache cet ouvrage, et le serre
Pour qu'il garde l'*incognito*.

L'Amour offre des avantages
Que ne présente aucun auteur ;

Car le moindre de ses ouvrages
Ouvre l'esprit, touche le cœur.
Et, contre l'ordinaire usage,
Sans même tourner un feuillet,
On sait, dès la première page,
Tout le mystère du livret.

Pour toutes nos beautés nouvelles,
Outre les ouvrages de lui,
Il imprime les bagatelles
Qui nous inondent aujourd'hui.
Mais la beauté tendre et timide
Chez lui trouve *Chaulieu*, *Bernis*,
Bernard, digne émule d'Ovide,
Boufflers, *Parni*, *Bertin*, *Piis*.

L. G. PILLON.

LA FILEUSE.

AIR : *Monsieur de Catinat.*

On admire sa taille et ses doigts délicats.
Le feu prend à l'étoupe en voyant ses
beaux bras ;
Sa voix pendant l'ouvrage enchante le
hameau.
Elle tourne les cœurs ainsi que son fuseau.

A UNE JOLIE BOULANGÈRE.

Air connu.

GENTILLE boulangère,
Qui, des dons de Cérès,
Sais, d'une main légère,
Nous faire du pain frais ;
Des biens que tu nous livres
Peut-on se réjouir ?
Si ta main nous fait vivre,
Tes yeux nous font mourir.

De ta peau douce et fine
Qu'on aime la fraîcheur !
C'est la fleur de farine
Dans toute sa blancheur.
Qu'on aime la tournure
Des petits pains au lait,
Que la belle nature
A mis dans ton corset !

De tes pains, ma mignonne ;
L'Amour a toujours faim,

Si tu ne les lui *donne*,
Permets-en le larcin ;
Mais tu ne veux l'entendre,
Tu ris de ses hélas !
Quand on vend du pain tendre
Pourquoi ne l'être pas ?

D'une si bonne pâte
Ton cœur paraît pétri !
De mes maux, jeune Agathe,
Qu'il soit donc attendri.
Ne sois pas si sévère,
Écoute enfin l'Amour,
Et permets-lui, ma chère,
D'aller cuir à ton four.

LE DUC DE NIVERNAIS.

LA RAVAUDEUSE.

AIR : *Boutons de rose.*

O mon aiguille !
Que d' bienfaits n'as-tu pas versés !
Tu soutiens plus d'une famille,
Et que d' gens seraient bas percés
Sans mon aiguille.

AVIS AUX PARFUMEURS.

Air de la clef forée.

Lrs parfums sont très-employés ,
Aux parfums nos goûts s'accoutument ,
Et de la tête jusqu'aux pieds
Tous nos élégans se parfument ;
Ils ont cru d'un sexe enchanteur
Ainsi faire mieux la conquête ,
Ne pouvant pas porter au cœur ,
Ils veulent porter à la tête.

O vous Messieurs les parfumeurs !
Si vous voulez qu'on vous répute ,
A tant de malheureux auteurs
Donnez du *baume* un jour de chute ;
L'eau de miel à tous les flatteurs ,
L'eau rose aux faiseurs d'épigrammes ,
L'eau d'absynthe à bien des censeurs ,
Surtout... beaucoup d'*encens* aux femmes.

J. Ernest.

2

L'HORLOGER.

Air : *J'ai vu partout dans mes voyages.*

Quoi, pour un époux, jeune Glycère,
Vous faites choix d'un horloger !
Deux beaux yeux en ont-ils affaire,
Pour marquer l'heure du berger ?
Peut-on préférer sans scrupule,
Dans l'âge fait pour le bonheur,
L'art de régler une pendule
Au plaisir d'égarer un cœur ?

Mais avant d'entrer en ménage,
Ecoutez ma comparaison ;
C'est sur le ton du badinage
Que je vais vous parler raison.
Montre neuve et femme gentille
Sont fort sujettes à changer ;
L'Hymen aime à poser l'aiguille,
Et l'Amour à la déranger.

LE CONFESSEUR.

Air de la marche du roi de Prusse.

Un prêtre a le canal
Du confessional ,
Pour savoir ce que nous faisons de mal.
Le tribunal
Pastoral ,
Est bien pis qu'un présidial ;
Là , du lit nuptial
S'apprend tout le bacchanal,
Y taire un péché jovial
Est un crime capital.

Au temps pascal ,
Un cardinal
Se trouve le vassal
Du plus mince soldat papal ;
Le bonnet doctoral
Lui sert de piédestal
Et l'orgueil archiépiscopal
Descend devant lui de cheval.

Diadème royal,
Bâton de maréchal,
Galon de caporal,
En ce lieu tout est égal.
Un curé tient le journal
De chaque ornement frontal
Qu'on place en son local :
Bref, dans l'endroit paroissial,
Il est du moindre cas virginal
Le contrôleur général.

LE MINISTRE.

AIR : *Faut attendre avec patience.*

QUE Dieu m'accorde donc la grâce
D'entrer au conseil à mon tour,
Pourvu que sa bonté m'en chasse
Après l'an, le mois, et le jour.
S'il soupe, s'il dort, s'il digère,
Si l'âge ne l'a point glacé,
L'être le plus heureux sur terre
Est un ministre déplacé.

MOREAU.

LA MARCHANDE DE BAS.

Air de M. Guillaume.

Il vous souvient, adorable Julie,
Des bas que j'achetai chez vous,
De ce jour date ma folie,
Car en amour il est des fous.
Quand je sortis j'emportai mon emplette;
Mais à peine eus-je fait un pas,
Que je perdis, avec la tête,
Et mon cœur et mes bas.

Ce cœur est franc, loyal, je vous le jure,
Il est encor, chacun le dit,
Aussi naïf que ma figure,
Aussi peu fin que mon esprit.
Pour vous l'Amour, à figure jolie,
Joignit adresse, esprit subtil,
Et je vois bien, belle Julie,
Que vous avez le fil.

LE COLPORTEUR.

AIR : *On compterait les diamans.*

Messieurs , je donne de l'esprit ,
Achetez de mes marchandises ,
Et si j'ai beaucoup de débit
Vous entendrez moins de sottises.
J'ai de longs et tendres romans ,
Dont les maximes sont gentilles ,
Et des livres à sentimens
Afin d'ouvrir l'esprit des filles.

D'un bon capucin qui prêcha
Je possède tout le carême.
On dit que ce gros livre-là
Est plus sec que l'auteur lui-même.
Je me tirerai d'embarras
Avec quelque révérend père ,
Qui, pour prêcher, ne voudra pas
Se donner la peine d'en faire.

J'ai des livres sur les ballons
Remplis de projets admirables ,

Et des opéras en chansons,
Et de longs drames pitoyables.
Mais la chimie, en ce moment,
Est la générale science,
Car les femmes ont maintenant
Un grand goût pour l'expérience.

Elles s'étudiaient jadis
Dans l'art de la minauderie ;
Mais aujourd'hui nos beaux esprits
Sont pour la minéralogie.
Enfin, l'on sait que de tous temps,
Les femmes coquettes et fines,
Analysaient les sentimens,
Et s'exerçaient dans l'art des *mines*.

A UNE JOLIE MARCHANDE DE FLEURS,

Air *Cœurs sensibles, cœurs fidèles.*

Tu m'offres, Eléonore,
Des roses dans leur fraîcheur,
Mais de ces filles de Flore
C'est toi la plus belle fleur ;
Sois plus généreuse encore,
Mets ces fleurs dans ton corset,
Donne-moi tout le bouquet.

CAIGNIEZ.

LA MARCHANDE DE PLAISIR.

Air : *L'amitié vive est pure.*

Je porte en ma corbeille
Des plaisirs et des croquets.
J'ai la bouche vermeille,
Et d'autres appas secrets.
Messieurs, craignant peu vos blâmes,
Je laisse prendre et choisir ;
Voilà le plaisir des dames,
Voilà, voilà le plaisir.

Si mon sein ne s'engage
Qu'à moitié sous mon mouchoir,
Un bouquet frais ombrage
Ce que l'on pourrait en voir.
Par ce moyen, dans les âmes
Faire naître le désir ;
Voilà le plaisir des dames,
Voilà, voilà le plaisir.

L'amant que j'ai su prendre
Est plus fringant qu'un mari,

'A qui je fais comprendre
Que mes enfans sont de lui.
C'est dans ce cas que les femmes
Aux maris doivent mentir ;
Voilà le plaisir des dames,
Voilà, voilà le plaisir.

COQUART.

LE CHASSEUR.

AIR : *Le Port-Mahon est pris.*

A la chasse, à la chasse!
Allons, courons, suivons à la trace;
    De toute cette race
    Il nous faut expédier
      Le dernier. (*4 fois.*)

Les bois sont découverts ;
Volons, fendons les airs,
Voici le loup qui passe ;
Rustaud le happe, et Brifaud l'embrasse;
Comme il fait la grimace !
De ce coup il est pris
      A l'halis. (*4 fois.*)

L'ARTIFICIER.

Air : *Bouton de rose.*

Si l'artifice,
Belles , vous porte ces couplets ,
Ne m'accusez point de malice ;
Pourrais je remplir vos souhaits
    Sans artifice ?

Sans artifice ,
A plaire on ne peut réussir.
Dans Paris , séjour du caprice ;
Est-il encor quelque plaisir
    Sans artifice ?

Par artifice ,
Quand l'amour dérobe un baiser ,
Ne crions point à l'injustice ;
On en voit trop se refuser
    Par artifice.

Par artifice ,
Mainte beauté voile ses traits.

Quelquefois changeant de malice,
On laisse entrevoir ses attraits
    Par artifice.

    Sans artifice,
Jeune beauté charme nos cœurs ;
Sur son déclin, qu'on s'embellisse ;
L'hiver offre-t-il quelques fleurs
    Sans artifice ?

F. Howin.

LA JARDINIÈRE.

Air : *O ma tendre musette !*

Gentille jardinière,
Charme de tous les cœurs,
De ton joli parterre
Qui n'aimerait les fleurs ?
Leur choix plein de sagesse
Montre un goût délicat ;
Mais trop de sécheresse
Vient en ternir l'éclat.

Jadis, de cette rose
J'admirais la fraîcheur;
Faute qu'on ne l'arrose
Elle perd sa couleur.
Ta négligence extrême
Va te ravir la fleur,
Et l'arbrisseau lui-même,
Périra de langueur.

Sa perte irréparable
Doit te faire pleurer;
Mais une eau secourable
Pourrait tout réparer.
D'un jardinier fidèle
Implore le secours,
Il viendra, plein de zèle,
L'arroser tous les jours.

Dans ton joli parterre,
Pour que tout vienne bien,
Ecoute-moi, ma chère,
Il n'est qu'un seul moyen,
C'est qu'il faut, dans Cythère,
Le soir et le matin,
A toute jardinière,
Un garçon de jardin. Couron,

A UNE JOLIE MARCHANDE

DE FLEURS.

AIR : *Ne v'la-t-il pas que j'aime.*

QUAND elle nous vend ses bouquets,
 Cette jeune personne,
Tant en principal, qu'intérêts,
 Prend plus qu'elle ne donne.

Est-il quelqu'un que ses attraits
 Ne jettent dans la peine?
En ses mains, quelques brins d'œillets
 Sont une forte chaîne.

Elle est, dirait un bel esprit,
 La rivale de Flore ;
Mais mon cœur simplement lui dit :
 « Belle, je vous adore. »

Quand on admire sans espoir
 Les fleurs de sa boutique,
En elle chacun voudrait voir
 Sa chère Véronique.

3

Véronique , c'est au printemps
  Qu'est la saison de plaire ;
Aux fleurettes de vos amans
  Soyez donc moins sévère.

Sur vos pas nous glanons les fleurs ,
  Ce devoir est le nôtre.
Pour vous , ne prenez pas nos cœurs ,
  Où laissez-nous le vôtre.

REGNAULT DE BEAUCARON.

LA MAITRESSE DU CABARET.

AIR : *La Maison de Monsieur Vautour.*

LA maîtresse du cabaret
Se devine sans qu'on la peigne ;
Le dieu d'amour est son portrait ;
La jeune Hébé lui sert d'enseigne.
Bacchus , assis sur son tonneau ,
La prend pour la fille de l'onde ;
Même en ne versant que de l'eau ,
Elle a l'art d'enivrer le monde.

Le C. DE BERNIS.

LE MARÉCHAL FERRANT.

AIR : *Tôt, tôt, tôt, battez chaud.*

CUPIDON s'est fait maréchal,
Et ce dieu ne s'y prend pas mal :
Il veut Manon pour domicile ;
Il mit sa forge dans ses yeux,
Dont il fit jaillir des feux
Qui brûleraient toute une ville.
  Tôt, tôt, tôt,
   Battez chaud,
   Bon courage,
Il faut avoir du cœur à l'ouvrage.

Savez-vous quels sont ses soufflets ?
Deux petits tétons rondelets,
Qui vont même sans qu'on y touche ;
Il ne faut, pour les mettre en train,
Qu'y porter tendrement la main,
Ou qu'un doux baiser sur la bouche.
  Tôt, tôt, tôt, etc.

Mais que fait-il de ses deux bras

Si blancs, si ronds, si délicats ?
L'Amour en a fait des tenailles :
Ces bras charmans, quand ils sont nus,
Même mieux que ceux de Vénus,
Retiendraient le dieu des batailles.
    Tôt, tôt, tôt, etc.

Amis, je ne vous dirai pas
Quel est ce lieu rempli d'appas,
Où l'Amour a mis son enclume ;
Mais quand il y forge un dard,
Le trait s'enflamme, brille et part :
Plus il frappe, mieux il s'allume.
    Tôt, tôt, tôt, etc.

L'Amour sait trop bien son métier
Pour n'avoir pas fait tout entier
Son ouvrage auprès de la belle ;
Le marteau qui frappe les coups,
Ce serait moi, ce serait vous,
Si Manon n'était pas cruelle.
        Tôt, tôt, tôt,
        Battez chaud,
        Bon courage,
Il faut avoir du cœur à l'ouvrage.

LE CHANDELIER.

AIR : *J'étais bon chasseur autrefois.*

DEMANDEZ à monsieur Bontems,
Marguiller de Sainte - Opportune,
A quel métier, en peu de temps,
Il a su faire sa fortune,
Ce gros réjoui vous répond :
— Ma mère tenait la dentelle,
Ma sœur a fait valoir son fonds,
Moi, messieurs, je tiens la chandelle.

Pour s'engraisser dans cet état,
Il ne faut pas être un grand sire ;
Riche comme un potentat,
A cinquante ans il se retire.
— Vois, dit-il à son fils Bontems,
Comme l'économie est belle !
Economise donc le temps,
Et sur-tout les bouts de chandelle.

Le libertin n'écoute pas
Cette leçon de sagesse,

3

'Au bal , au jeu, dans les repas ;
Il brille et dépense sans cesse ;
En se livrant à tous ses goûts,
En voltigeant de belle en belle ,
Le jeune homme, par les deux bouts ,
S'amuse à brûler la chandelle.

Bontems rencontre un certain soir,
Ce fils au jeu tentant fortune ,
Et perdant plus que son avoir,
Chance, hélas! beaucoup trop commune.
Tout autre père , en pareil cas ,
Au prodigue eût cherché querelle ;
Bontems paye , en disant tout bas :
Le jeu ne va pas la chandelle.

Bientôt notre étourdi changé
Craint du jeu la trop douce amorce ;
Devenu prudent et rangé,
Avec les dés il fait divorce.
—Je tiens mon bien et mon honneur
De l'indulgence paternelle ;
Quel bon père! dit-il, mon cœur
Lui doit une belle chandelle.

Charles Sartrouville.

LE CHANTEUR.

Air : *Des fraises.*

Mon art du ciel est un don ;
La preuve en est frappante :
L'âne, le coq, le chapon,
Le rossignol, le dindon,
    Tout chante.   (*ter.*)

A la ville, aux champs, partout,
Un refrain nous enchante.
Rustre qui sème ou qui moud,
Femme qui file ou qui coud,
    Tout chante.

Paul, quand il a du chagrin,
Jean, quand Jeanne est absente,
Thomas, quand il est en train,
Roch, quand il est au lutrin,
    Tout chante.

On chante pour endormir
Un marmot qui tourmente ;

Quand deux amans vont s'unir,
Quand nous venons à mourir,
    Tout chante.

Grand Dieu! que de chansonniers
Ce siècle nous présente !
Marmitons et cuisiniers,
Décrotteurs et cordonniers,
    Tout chante.

A l'opéra, les tyrans
Sont d'une humeur charmante,
Les vainqueurs, les conquérans,
Les blessés et les mourans,
    Tout chante.

Melpomène, dira-t-on,
Doit être plus touchante ;
Du souffleur prenant le ton,
Cinna, Brutus et Caton,
    Tout chante.

Le vaudeville est fêté;
Chez lui tout nous enchante ;
C'est que tout en vérité
Chez lui vise à la gaîté...
    Touchante.

ARMAND-GOUFFÉ.

LE TRAITEUR.

Air : *Venez, Venez dans mon parterre.*

Flattant les goûts avec adresse ;
J'ai soin d'assortir mes repas
De *langues* pour les avocats ,
Et de *truffes* pour la vieillesse ;
Je sers du *jarret* aux poltrons ,
Œufs au miroir à la coquette ;
J'offre à nos aimables tendrons
Des petits *pieds* (ter) *à la poulette.*

J'offre aux barbons la *ravigote,*
Hareng-sec au poete usé ,
A l'Adonis pincé , frisé ,
La *côtelette en papillote* ;
Au petit maître un *vol-au-vent ,*
Du *sel* à nos vaudevillistes ,
Une *Macédoine* aux savans ,
Et des *lardons* aux journalistes.

Pour les caillettes j'ai des *cailles ,*
Des *turbots* pour les fournisseurs ;

Des *huîtres* pour les procureurs....
Les plaideurs auront les *écailles*.
J'ai du vin de tous les climats ;
Je donne aux guerriers le *Tonnerre*,
Le vin de *Grave* aux magistrats,
Le vin de *Nuits* à ma bergère.

J'ai plus d'une *dinde en gelée*,
Pour nos tendrons vieux et grelés ;
Et, pour nos acteurs boursoufflés ;
Plus d'une *omelette soufflée*.
J'ai pour nos modernes pradons
La côtelette à l'épigramme.
Et j'ai des *ailes de dindons*
Pour nos faiseurs de mélodrames.

Je sers de la *sauce piquante*
Au rédacteur du feuilleton ;
A nos parvenus du bon *thon*,
Des *œufs brouillés* à l'intrigante,
Des *sautés* au ves'ris nouveau,
Une *farce* à la prude Estelle,
Aux gros traitans, *têtes de veau*,
A nos auteurs, de la *cervelle*.

Loin de m'enivrer de *fumée*,

Comme une foule de nigauds ;
Je veux sur mes tendres *gigots*
Asseoir encor ma renommée.
Pour la beauté j'aurai toujours
Une *friande galantine* :
Et pour l'objet de mes amours
Jolis pigeons à la crapaudine.

CASIMIR-MÉNESTRIER.

A UNE MERCIÈRE.

Air : *Dans nos bosquets la simple violette.*

ADMIREZ donc mon erreur politique,
   Vous voyant servir vos chalands,
   Je crois que Vénus, en boutique,
   Sous votre nom, vend des rubans.
Las de faveurs quand vous êtes marchande
   Et que je vis sous votre loi,
   Songez bien que je n'en demande
   Qu'une seule pour moi.

LE BOULANGER.

Air : *Un tonnelier vieux et jaloux.*

'A l'art qui nous donne du pain
Qu'avec orgueil chacun se livre ;
D'abord, il est un fait certain ,
C'est que sans pain on ne peut vivre ;
Et pour nous en faire manger ,
Il n'est rien comme un boulanger ;
Pétrissons, pétrissons, allons bon train ;
Chassons l'ennui, chassons la faim.

On pourrait vivre sans auteurs ,
On pourrait vivre sans musique ;
On vivrait bien sans orateurs ,
Et sans parler de politique ;
Mais on s'efforcerait en vain
De vivre sans manger du pain.
Pétrissons, pétrissons , allons bon train ,
Chassons l'ennui, chassons la faim.

LA BRODERIE.

Air du vaudeville des visitandines.

Depuis que l'on voit à la mode
L'art de broder dans ce pays ,
On en prend si bien la méthode ;
Que l'on brode tout dans Paris.
On brode son ton , sa manière ,
On brode jusqu'aux sentimens ;
Broder ainsi pour les amans
Est le secret de toujours plaire.

Un tailleur brode son mémoire ;
Ainsi brode chaque marchand ;
L'auteur soldé brode l'histoire ,
Le flatteur brode un compliment ;
Un conteur brode une nouvelle ,
Un pédant brode ses discours ;
De lauriers broder ses amours
Est la méthode la plus belle.

L'avocat brode son langage ,
Le gascon brode ses exploits ,

Tartuffe brode son visage,
Que de juges brodent les lois!
L'infidèle brode un parjure,
Ainsi brodent tous les époux;
Maïs bien plus habiles qu'eux tous,
Les femmes brodent la nature.

LE PÊCHEUR.

AIR : *Le Port-Mahon est pris.*

A la pêche! à la pêche !
Allons, si rien ne nous en empêche,
Nous ferons quelque brèche
A ce peuple carpeau
Qu'est dans l'eau. (*4 fois.*)

Les vers, vite, Pierrot,
Ta ligne et ton chapeau;
Viens-çà, suis-moi, dépêche;
Je pars, je cours, d'exemple je prêche;
Assis sur l'herbe fraîche,
Nous emplirons un seau
Du plus beau. (*4 fois*).

LE PEINTRE.

AIR : *Jeunes amans , cueillez des fleurs.*

Au temps où j'obtins des amours
L'art de peindre leur douce ivresse ;
Au temps heureux où les beaux jours
Croissaient ainsi que mon ivresse ,
Peintre éclairé , j'eus à choisir
Des modèles de complaisance ,
Et qui n'avaient d'autre désir
Que de prolonger la séance.

Mais leurs faveurs dans mon été
S'affaiblissant dans mon automne ,
Peintre moins fier , je n'ai traité
Que les biens que Bacchus nous donne ;
J'ai dépeint ces dons précieux
Plus constans que ceux de nos belles ;
Et mon hiver m'apprend bien mieux
A cesser de m'occuper d'elles.

L.

A UNE JOLIE BIJOUTIÈRE.

Air : *Jupiter un jour en fureur.*

O bijoutiere, quel trésor
L'amour a placé dans tes charmes !
L'avare, en te rendant les armes,
Prodigue l'argent et l'or.
Il fait mainte et mainte commande ;
Sans cesse il vient pour acheter ;
   Il voudrait tout emporter,
     Pour plaire à la marchande.

De tes prix loin de s'effrayer,
Le richard te croit trop modeste,
Et, surpris de l'or qui lui reste,
Il voudrait encore payer.
Chez Vénus, plein de confiance,
Plutus ne marchande jamais ;
   Toujours, avec tant d'attraits,
     On parle en conscience.

Un gascon, près de tes appas,
Voit mille joyaux d'un prix rare,

Mais il s'oublie, amour l'égare,
Joyaux ne le tentent pas ;
Et, sans penser à sa misère,
Vaincu par tes regards si doux,
Il dit : dé tous bos vijoux,
C'est bous qué jé préfère.

LA DAME DE COMPTOIR.

Air à faire.

C'est un trône
Pour une belle qu'un comptoir,
Charmante Œnone,
C'est un trône,
Quand elle aime à se faire voir.
Ses yeux charmans
Attirent les chalands.
Un essaim d'amours l'environne ;
Tous les états, tour à tour,
Lui viennent faire leur cour.
D'une jeune beauté
Le petit cœur est flatté
D'entendre à tout moment
Et fleurette et compliment
Du robin, du plumet,
Du petit collet.

4*

De toute personne,
Oui, ma foi, c'est un trône.

DE L'ATTAIGNANT.

LE RAMONEUR.

AIR : *Et j'y pris bien du plaisir.*

SOIGNEZ bien vos cheminées,
Bon profit vous en viendra;
Plus elles sont ramonées,
Et plus tranquille on sera.
M'appelez-vous, ma mignone?
Tenez, ne marchandez pas.
Car je ramone, ramone,
Depuis le haut jusqu'en bas.

Un certain jour, dans la rue,
La femme d'un procureur
Criait comme une perdue,
Pour avoir un ramoneur.
L'occasion était bonne;
Montant chez elle à grands pas;
V'là que je ramone, ramone
Depuis le haut jusqu'en bas.

Chez une prude intraitable
Je cherchais à travailler ;
Elle me prend pour le diable ;
Je la vois pâlir, trembler :
Regardez-moi bien, poupone,
Lui dis-je, ne craignez pas :
Votre serviteur ramone
Depuis le haut jusqu'en bas.

Un dame d'ambassade,
Sans effroi pour ma noirceur,
Me dit : « bois cette rasade ;
» Ça te donnera du cœur. »
Son vin si bien m'aiguillonne,
Qu'après, sans me trouver las,
V'là que je ramone, ramone,
Depuis le haut jusqu'en bas.

Chez une jeune comtesse,
Tout de suite étant monté,
Avec zèle je m'empresse
De remplir sa volonté.
Du travail qu'elle me donne
Je ne m'épouvante pas.
Et je ramone, ramone,
Depuis le haut jusqu'en bas.

C'est bien à tort qu'on méprise
Un malheureux montagnard ;
Souvent l'Amour se déguise
Sous l'habit d'un Savoyard.
Dans les rôles qu'il veut faire,
C'est un excellent acteur.
Aux belles peut-il mieux faire
Qu'en faisant le ramoneur ?

L'habit ne fait rien pour l'homme ;
Tel paraît le mieux vêtu,
Qui du mérite en a comme
Peut en avoir un fétu.
Jamais je n'ambitionne
L'éclat des biens et du rang ;
Mais je ramone, ramone ;
Ça me fait vivre content.

A MA BLANCHISSEUSE.

AIR : *Amusez-vous, jeunes fillettes.*

Sur votre foi de blanchisseuse,
Vous jurez de m'aimer toujours ;

Votre ardeur me paraît douteuse,
Car je vous crois d'autres amours.
Pourtant votre bouche jolie
Jure de ne changer jamais;
Mais puis-je vous croire, Julie,
Quand vous faites tant de *paquets* ?

J'ai pour vous beaucoup de tendresse,
D'amour, d'égards, de soins flatteurs,
Je vous revois avec ivresse,
Et vous prodigue mes ardeurs.
Arrivez vous? rien ne surpassse
Le plaisir de vous embrasser :
Jamais à celle qui repasse
Je ne dirai de *repasser.*

Sachant les femmes infidèles,
J'ai pu douter de votre foi ;
Car si l'amour porte des ailes,
Voltiger doit être sa loi.
Mais, pour douter encor, Julie,
Je ne suis point assez pervers ;
Pour moi, quoique jeune et jolie,
Je vous ai vu porter des *fers.*

HENRION.

LE MENUISIER.

Air : *Ton humeur est, Catherine.*

Ici-bas chacun s' ballotte,
S'égratigne à qui mieux mieux ;
L'un cont' l'autre on s'asticote ;
Comment peut-on z'être heureux ?
Moi, pour les plaisirs je penche ;
D' tout dans c' bas monde je ris ;
Rabot z'en mains j' rifll' un' planche,
Z'et n' planche pas les amis.

J' tât'rais ben du mariage,
Mais queuq' chos' me déplairait ;
J'craindrais trop qu' mon *allumage*
N' me r'lançât z'au cabaret.
Ma soif z'à gogo j' l'étanche ;
J' lamp' tout l' jour, et quand j'sis gris,
Je fais mon lit d'une planche,
Z'et n'planche pas les amis.

L'aut' jour zà la ptit' Fanchon
J' voulus chiper z'un baiser ;

J' l'y dis : d'puis long-temps j' vous guette,
Ainsi n' faut pas me r'fuser ;
« J' crois que vot' maillet s' démanche,
» M' répond-elle en j'tant des cris,
» Voisin, rabottez vot' planche
» Z'et n' planchez pas les amis. »

Lors j'file à la comédie ;
J'vois les actric's, les acteurs,
Qui riaient de compagnie
Au nez d' tous les spectateurs.
Vlà que j' retrousse mes manches
Que j' siffle et qu' je m' suis permis
D' leux dir' : vous êt's sur vos planches ,
Mais n' planchez pas les amis.

Z'on m'emmène au corps-de-garde,
Coucher jusqu'au lendemain ;
Vl'a comme il faut prendre garde
D' chiffonner le genre humain.
Aussi, les autres dimanches,
De n' plus siffler je m' promis :
J' vois bien qu'au sujet d' ces planches,
N' faut pas plancher les amis.

Queuq' jours après j' tombe malade,
Vl'à qu'un maudit carabin

Voulut me fair' la parade
D' m'empêcher d' *soifer* du vin.
Mes manièr's sont brusques, franches,
Aussi bravement j' l'i dis :
Mettez-moi z'entre quatre planches,
Z'et n' planchez pas les amis.

Z'avec mon rabot, ma scie,
Que j' gagn' pour vider flacon ;
De tout l' reste je m' soucie
Comme de Colin-Tampon.
Par la faulx qui tous nous tranche
Quand mes jours s' verront finis,
J'pourrai dir' du fond d'ma planche :
J' n'ai pas planché les amis.

LE DANSEUR.

Air des Visitandines.

Nos ayeux connaissaient à peine
La science des entrechats :
Mais de nos jours l'espèce humaine
Vers le bien a fait un grand pas.

Les artistes les plus ingambes
Sont les seuls docteurs en crédit.
Si l'on néglige un peu l'esprit,
On exerce beaucoup les jambes.

Pour former le cœur de nos belles,
Un danseur vaut mieux qu'un savant;
On mène au bal les demoiselles,
Comme on les menait au couvent.
Leur maintien paraît un peu libre;
Mais la pudeur n'en souffre pas;
On évite tant de faux pas,
Quand on connaît bien l'équilibre!

D'une éducation futile
Je vois trop que l'on m'a fait don;
Je connais Horace et Virgile,
Mais je fais mal un rigaudon.
Aussi ma nullité parfaite
Doit amuser plus d'un censeur;
Car je rime comme un danseur,
Et je danse comme un poète.

ALTIGNAC.

A UNE JOLIE CRÊMIÈRE,

AIR : *O ma tendre musette.*

Jeune et belle crêmière,
Qui chez nous, chaque jour,
Réveillez la première
L'appétit et l'amour.
Que ce qu'on voit paraître
Si blanc, si rondelet,
Fait bien désirer d'être
Au régime du lait !

Si le céleste groupe
Quelque jour renonçait
A ce qu'à pleine coupe
On verse à leur banquet.
Du nectar, d'Hébé même ;
S'il se lassait jamais,
Ce serait pour la crême
Que tu leur servirais.

Mais non, crois-moi, préfère
De rester ici bas;

Là haut , qu'irais-tu faire ?
Les dieux sont tous ingrats.
Chez nous, toujours fêtée ,
Nourris plutôt l'amour
De la crême fouettée
Dont il naquit un jour.

Qu'aisément on augure
Que de ton cher époux ,
Pour cette nourriture,
Nous partageons les goûts!
Mais, souhait inutile !
Car ton époux aurait ,
A la cour, à la ville ,
Trop de frères de lait.

DAMAS.

LE DENTISTE.

Air de la soirée orageuse.

DE trente-deux superbes dents
Ma bouche était si bien armée,
Avant que par la faux du temps

La place fût démautelée.
Je la vois, grâce à Catalan,
En meilleur état de défense
Que n'eût pu la mettre Vauban,
L'ingénieur par excellence.

Paraissez, raves et radis;
Durs cornichons ou verte olive,
Osez franchir le pont-levis
Qui borde aujourd'hui ma gencive.
Présentez-vous, fier artichaud,
Fussiez-vous même à la poivrade,
Et vous verrez s'il y fait chaud;
Frottez-vous à ma palissade.

Le grand point toujours réservé
Au seul artiste incomparable,
C'est Catalan qui l'a trouvé:
Il joint l'utile à l'agréable.
Quand la faux du temps a détruit
Du palais la brillante armure;
Avec la sienne on mange, on rit.
Vivat Catalan pour doublure.

LES FILEULES.

Air du petit matelot.

UNE quenouille, au temps d'Homère,
Des reines ornait le tableau ;
Berthe à nos chevaliers si chère,
Au sceptre unissait le fuseau ;
Mais la quenouille pour nos belles
Cesse d'être un meuble du jour,
Et l'on ne file plus chez elle,
Pas même le parfait amour.

D'Omphale l'histoire est connue :
Elle filait, Hercule aima ;
Du héros même la massue
En quenouille se transforma.
D'un plus beau feu bientôt il brûle ;
De hauts faits vont le signaler ;
Mais tel fat se croit un Hercule,
Qui de lui n'apprit qu'à filer.

La sainte que Paris révère,
Filait en gardant ses brebis ;
Allez prendre exemple à Nanterre,
Filles qui cherchez des maris.

Mieux que la fleur la plus jolie;
Une quenouille orne un beau sein;
L'innocence file la vie
De celle qui file son lin.

Oui, j'aime ces fraîches bergères
Que je vois filer dans nos champs;
Mais je hais ces trois filandières,
Qui règlent le cours de nos ans.
Qu'au moins chaque jour ma quenouille
Se pare de rubans nouveaux,
Et que son fil toujours se mouille
Ou de Champagne ou de Bordeaux.

PHILIPPON-LA-MADELAINE.

LA NOURRICE.

Air : *Comment goûter quelque repos.*

Lorsqu'un égoïsme cruel
Prive une tendre créature
De l'aliment que la nature
Avait mis au sein maternel,
Dès-lors, dans une âme étrangère
Le sentiment fuit sans retour;
Peut-on, sans en prendre l'amour,
Prendre tous les soins d'une mère?

A UNE JOLIE MARCHANDE DE MODES.

Air du corbillard.

De la nature tendre enfant,
  Mère de l'artifice,
Tu fais éclore à chaque instant
  L'amour et le caprice ;
Tu fais, par deux arts séducteurs,
  Des bonnets, des conquêtes,
Ta figure enflamme les cœurs,
  Ta main change les têtes

Tu donnes des parfums au fat,
  Et du *rouge* à nos belles ;
Mais tu portes un incarnat
  Plus envié par elles.
Tes rubans ont trop d'amateurs :
  Souvent l'amour en gronde ;
Car celle qui vend des *faveurs*
  En a pour tout le monde.

Chaque jour de bouquets nouveaux
  L'art remplit ta corbeille ;
J'y vois tour-à-tour les pavots
  Et la rose vermeille.

Pour cueillir ces dons enchanteurs ;
Il faut qu'ici l'on vienne ;
Mais lorsque l'on vend tant de fleurs,
Comment garder la sienne ?

Dans ses penchans, avec raison
L'Olympe nous ressemble ;
Aussi chez toi, les dieux, dit-on,
Achetèrent ensemble,
Le tendre Hymen, un nœud plus beau,
Les Grâces, leur parure,
L'Amour, ses flèches, son bandeau,
Et Vénus, sa ceinture.

C*** et P***

LA BOUCHÈRE.

Air : *Avec vous, sous le même toit.*

Je fais les yeux doux tout le jour,
A la bouchère, ma voisine ;
Je l'entretiens de mon amour,
Qu'elle nourrit à la sourdine.
Ma bouchère me plaît assez ;
Mais la dame, avec complaisance,
A ses pratiques, je le sais,
Donne trop de *réjouissance*.

LE PLUMASSIER.

Air : *Réveillez-vous , belle endormie.*

O vous, censeur atrabilaire
De l'innocente volupté ,
Cessez de blâmer l'art de plaire
Que l'amour donne à la beauté.

Loin d'être un appareil sauvage ;
La plume annonce la candeur ,
Et du beau sexe elle est l'image
Par sa souplesse et sa douceur.

Dans l'Olympe , et même sur terre ;
De cette mode on est épris ,
Sans casque, ni plume guerrière,
Mars pourrait-il plaire à Cypris?

Le Dieu qui nous charme au bel âge,
En beauté l'amour si complet ,
S'il ne portait point de plumage ,
Le trouveriez-vous si parfait ?

Jupin, cet immortel insigne ,
Ce roi des dieux , se transforma

Sous le plumage d'un beau cygne ,
Quand il voulut plaire à Léda.

A MA LAITIÈRE.

Air du pot au lait versé par terre.

Vous partez de votre village ,
Le matin , pour venir me voir ;
Tout bas votre amant en enrage ;
Vos courses font son désespoir.
Ne craignez aucunes ruptures ,
Il ne saura rien sur ma foi,
Puisqu'avant de venir chez moi,
Toujours vous prenez vos *mesures*.

Je vous aime beaucoup , Perrette ,
Car vous avez mille agrémens;
Et, sans soigner votre toilette ,
Partout vous faites des amans.
Puisque vous avez l'air d'un ange ,
N'ayez donc pas le cœur si dur ,
Et lorsque mon amour est pur ,
Que votre lait soit sans mélange.

HENRION.

L'AUTEUR QU'ON VA JOUER.

Air du curé de Pompone.

Acité de mille frayeurs,
  Ce matin je m'éveille ;
Ne pouvant dormir, et, d'ailleurs,
  Me portant à merveille.
Je me lève : mais quel malheur !
  Je sens que je chancelle ;
Ah ! D'où vient cela.... Je suis l'auteur
  De la pièce nouvelle.

Au théâtre m'acheminant
  Moitié gai, moitié triste,
Je rencontre, chemin faisant,
  Un grave journaliste ;
Sous sa main, voyant, non sans peur,
  La férule cruelle ;
Je salue humblement, comme auteur
  De la pièce nouvelle.

Ensuite, je trouve *sandis*
  Que ma vue embarrasse
Pour quelqu'argent prêté jadis,
  Je l'aborde avec grâce ;

« Mon cher, je suis ton débiteur, »
  Me dit-il, bagatelle !
Ah ! laissons cela, je suis l'auteur
  De la pièce nouvelle.

Le quittant, j'aperçois Damis,
  Poète infatigable ;
Lui, qui de ses nombreux écrits
  Sans pitié nous accable.
Je prête l'oreille au rimeur,
  Qui me tient, me harcèle ;
Ah, soyons poli, je suis l'auteur
  De la pièce nouvelle.

Au foyer ce soir j'entrerai,
  Saluant à la ronde ;
Et gaîment je me montrerai
  Ami de tout le monde.
Oh ! oui, j'oublierai de bon cœur
  Toute vieille querelle :
Il n'a plus de rancune, l'auteur
  De la pièce nouvelle.

J. B. RADET.

A UNE JOLIE PARFUMEUSE.

AIR : *J'ai vu partout dans mes voyages.*

L'AMOUR a déserté Cythère,
Pour un séjour plus enchanteur ;
Et dans votre comptoir, Glycère,
Il s'est établi parfumeur ;
Mais, de ce concurrent aimable
Craignez peu la rivalité :
Il sera toujours redevable
De sa vogue à votre beauté.

Mais que dis je ? la sympathie
Unit déja vos intérêts ;
L'amour est doux, vous bien jolie ;
Vous aurez de communs succès.
Mais d'un crime il faudra l'absoudre,
C'est que ce dieu malicieux,
Quand vous nous vendez votre poudre,
Vient nous jetez la sienne aux yeux.

De cette poudre blanche et fine
Lorsque vous vantez la fraîcheur,

6

Il nous montre, sur votre mine,
Une plus aimable blancheur;
Aussi, voyez la belle emplette?
La poudre que l'on prend chez vous,
Loin d'accommoder notre tête,
Nous la met sens dessus-dessous.

La beauté par vous embellie
Vante votre brillant carmin;
Mais sur votre bouche fleurie
L'amour en étale un plus fin.
La rose n'est pas plus vermeille,
Quand zéphir presse ses attraits;
Et le jeune enfant qui sommeille
N'a pas un incarnat plus frais.

Ces gants..... en font désirer d'autres;
Vous souriez à ce vœu-là...
Heureux qui put avoir les vôtres!..
Ou bienheureux qui les aura!
Vous restent-ils encore, Glycère?
Vous dites oui, l'amour dit non;
Pour le savoir, souffrez, ma chère,
Que j'interroge le carton.

Allons, un peu de complaisance,
L'Amour vous en fait un devoir;

Fondant sur cette connaissance
Votre triomphe et son espoir;
En votre faveur s'il décide,
Pour vous, quel destin enchanteur!
A Paris, a Cythère, à Gnide,
Il vous proclame en *bonne odeur*.

BAUSET.

LE CUISINIER.

AIR : *Aussitôt que la lumière.*

Un cuisinier, quand je dine,
Me semble un être divin
Qui, du fond de sa cuisine,
Gouverne le genre humain.
Qu'ici bas on le contemple
Comme un ministre du ciel ;
Car sa cuisine est un temple
Dont les fourneaux sont l'autel.

DESAUGIERS.

LE BUCHERON.

Air des fendeurs (contredanse).

Au bois toute la journée,
Je ne me donne point de repos ;
Au bois toute la journée,
Je m'occupe à faire des fagots.
Il faut voir
Quel est mon savoir,
Lorsque je prends en main
Ma coignée ;
Il faut voir
Quel est mon savoir ;
Un coup met en deux
Arbre jeune ou vieux.

Mes fagots
Sont tous bons et beaux ;
Aussi je me fais beaucoup de pratiques.
Mes fagots
Sont tous bons et beaux ;
Mais je donne aux filles tous les plus gros.

(65)

Beau fendeur ;
Pour gagner un cœur,
Tenez, croyez-moi, suivez mes rubriques ;
Beau fendeur,
Pour gagner un cœur,
Donnez ce que vous avez de meilleur.

A UNE JOLIE MARCHANDE

DE MODES.

Air : *On compterait les diamans.*

Tout s'embellit par tes attraits ;
Il n'en est point que tu n'effaces,
Et de ton atelier tu fais
Le temple du goût et des grâces.
Ta main, pour parer mille objets,
De l'art épuise l'imposture ;
Mais l'art peut-il donner jamais
Ce que tu tiens de la nature.

DAMAS.

6*

LE MEUNIER PARESSEUX.

Air à faire.

Notre meûnier néglige son ouvrage,
J'ai beau lui faire carillon,
Dan, don, din, don,
Dan, don, din, dan, don :
Mais quand il va dans le village ;
Et qu'il me laisse avec son grand garçon,
Din, dan, don,
Din, dan, don,
C'est la paix du ménage.

Mon cher mari, quand on est à votre âge,
Adieu le tendre carillon,
Dan, don, din, don,
Dan, don, din, dan, don,
Si vous voulez avoir lignage,
Munissez-vous de quelque bon garçon,
Din, dan, don,
Din, dan, don,
C'est l'espoir du ménage.

Toute la nuit, ma femme fait tapage ;
Je suis las de son carillon,
Dan , don , din , don ,
Dan , don , din , dan , don.
Ah! si j'en croyais mon courage,
Je pourrais bien avec un bon bâton,
Din , dan , don ,
Din , dan , don.
Radoucir son ramage.

LA CLINCAILLÈRE.

Air du panorama.

J'AI de la *poudre* sympathique
Nécessaire à plus d'un acteur,
Pour les auteurs du *sel* attique ,
Des *lunettes* pour maint censeur ;
Miroir pour l'homme à double face ,
Esprit pour ceux qui n'ent ont pas ;
Balances pour les gens en place ,
Et *souvenirs* pour les ingrats.

LE LUNETTIER.

'AIR : *Réveillez-vous, belle endormie ?*

VIELLARDS à femmes trop jeunettes,
Auparavant de vous unir ,
Venez prendre de mes lunettes
Pour pénétrer dans l'avenir.

Fille , à qui l'on dit des fleurettes ,
Craignez le serpent sous les fleurs ,
Venez prendre de mes lunettes ,
Pour prévenir certains malheurs.

Que feraient les femmes coquettes
Qui sont aujourd'hui dans Paris ,
Si l'on mettait de mes lunettes
A leurs trop crédules maris ?

Tel de vous se met en goguettes ,
Et de moi se rit aujourd'hui
S'il avait pris de mes lunettes ,
Il verrait que l'on rit de lui.

LES FRANCS-MAÇONS.

AIR : *V'la c' que c'est qu' d'aller au bois.*

DANS nos loges nous bâtissons,
V'la c' que c'est qu' les francs-maçons ;
Sur les vertus nous élevons
Tous nos édifices ;
Et jamais les vices
N'ont pénétré dans nos maisons.
V'là c' que c'est qu' les francs-maçons.

Nos ouvrages sont toujours bons,
V'la c' que c'est qu' les francs-maçons ;
Dans les plans que nous en traçons
Notre règle est sûre,
Car c'est la nature
Qui guide et conduit nos crayons ;
V'là c' que c'est qu' les francs-maçons.

Des autels pompeux nous dressons,
V'là c' que c'est qu' les francs-maçons ;
Aux talens nous les consacrons ;
Les muses tranquilles

Peuplent nos asiles
De leurs illustres nourrissons ;
V'là c' que c'est qu' les francs-maçons :

Aux profanes nous l'annonçons,
V'là c' que c'est qu' les francs-maçons :
Modérés dans leurs passions,
Discrets près des belles,
Sincères, fidèles,
Amis parfaits, bons compagnons,
V'là c' que c'est qu' les francs-maçons.

LE FIACRE.

Air de la clef forée.

Un vieux coffre tout délabré,
Mal suspendu sur quatre roues,
Par deux maigres chevaux tiré,
Dans la poussière ou dans les boues.
Un cocher, presque toujours gris,
Qui jure, qui fouette, qui sacre,
Trait pour trait, voilà dans Paris
L'équipage qu'on nomme fiacre.

LA VIELLEUSE.

Aɪʀ : *Ah ! mamán, que je l'échappai belle.*

Ouɪ, je pars, adieu Barcelonette ,
Je vais à Paris, j'espère y faire une con-
quête ;
Je suis jeune, gentille et bien faite,
L'air tendre et badin,
L'œil vif, un petit air mutin.

Quand j'ai ma vielle organisée,
J'enchante les cœurs, et partout je suis
admirée.
Je mérite bien la renommée ;
J'ai l'esprit malin ,
Et je suis fille à toute main.

Je touche l'instrument avec grâce ;
J'ai l'air séducteur, j'entre partout avec
audace ;
Si l'on m'appelle dans quelque place ,
Je joue à l'instant
Un air tendre, vif et charmant,

Je m'occupe ainsi dans la journée,
Je cherche chaland, et je fais la *dissi-
mulée.*
Je tâche d'avoir à la pipée
   Quelque bon garçon
Qui soit jaloux d'avoir du son.

Si quelqu'un vient me conter fleurette,
J'affecte un air doux, je souris, je fais la
   follette,
On m'embrasse, je fais l'inquiète,
   Et, pour m'appaiser,
On me donne un second baiser.

A Paris, on aime jeune brune,
Le matin, le jour, le soir, au clair de la
   lune,
Je veux faire bientôt ma fortune :
   J'ai la balle en main,
Je fais valoir mon petit bien.

LE CHASSEUR.

AIR : *Ton ton.*

C'est ici des bois de Cythère
Le plus agréable canton,
Ton ton, ton ton, tontaine, ton ton.
Sous la plus petite bruyère
Il est du gibier à foison.
    Ton ton, tontaine, ton ton.

Si l'on manque souvent sa proie,
N'en cherchez pas d'autre raison ;
Ton ton, etc.
C'est qu'on s'écarte de la voie,
Et que le piqueur n'est pas bon.
    Ton ton, etc.

Apprenez les règles succintes
De la chasse de Cupidon.
Ton ton, etc.
Il ne faut point faire d'*enceintes ;*

7.

Ce n'est pas la bonne façon.
   Ton ton, etc.

Ne chassez point sur les brisées
Qu'avant vous d'autres chasseurs font,
Ton ton, etc.
   Ce sont des prises trop aisées,
   Et le plaisir n'en est pas long.
    Ton ton, etc.

Tomber en défaut, c'est un crime,
Mais qui mérite le pardon ;
Ton ton, etc.
   Le trop d'ardeur qui nous anime
   En est quelquefois la raison.
    Ton ton, etc.

Aux abois quand la bête est mise,
Profitez de l'occasion ;
Ton ton, etc.
   Mais ne sonnez jamais la prise,
   Le fanfare est d'un fanfaron.
    Ton ton ; etc.

DE L'ATTAIGNANT.

L'ACTRICE TRAGIQUE.

Air : *Il faut que je file, file.*

Quand elle vient sur la scène,
On croit, à son air vainqueur,
Voir déclamer Melpomène
Des vers dont elle est auteur.
Elle fouille, fouille, fouille,
Elle fouille au fond du cœur.

Quelque rôle qu'elle fasse
De tendresse ou de fureur,
Ses yeux, son geste, sa grâce,
Tout en elle est séducteur :
Elle fouille, fouille, fouille,
Elle fouille au fond du cœur.

D'Arianne et d'Aricie
Quand elle peint les douleurs,
C'est avec tant d'énergie
Qu'on l'applaudit par des pleurs.
Elle fouille, fouille, fouille,
Elle fouille au fond du cœur.

De la tendre Bérénice
Qu'elle exprime la langueur,
De Titus le sacrifice
Cause une secrète horreur;
Elle fouille, fouille, fouille,
Elle fouille au fond du cœur.

Elle attendrit pour Alzire,
Par ses accens enchauteurs;
Tout le parterre soupire,
Et partage ses malheurs;
Elle fouille, fouille, fouille,
Elle fouille au fond des cœurs.

Ses regards pleins de tendresse,
Et son air plein de douceur,
Font que l'actrice intéresse
Plus que les vers de l'auteur;
Elle fouille, fouille, fouille,
Elle fouille au fond du cœur.

Pour peu qu'on ait le cœur tendre,
Ou du goût, nul spectateur
Ne peut la voir, ni l'entendre
Sans en être adorateur.

Elle fouille, fouille, fouille,
Elle fouille au fond du cœur.

DE L'ATTAIGNANT.

LES VENDANGEURS.

AIR : Turlurette.

Apprêtez-vous, mes tendrons,
Demain nous vendangerons ;
Aiguisez bien la serpette,
　　　Turlurette,
　　　Turlurette,
Ma tanturlurette.

Quoi de mieux, rions en tous,
Qu'un grand plat de soupe aux choux
Point de linge, point d'assiette,
　　　Turlurette,
　　　Turlurette,
Ma tanturlurette.

LE JARDINIER.

Air à faire.

De tout temps le jardinage
Fut l'amusement du sage,
J'en fais mon unique emploi ;
Il n'en est pas, je vous jure,
Qui s'attache à la nature
Avec plus d'ardeur que moi.

Les vents, la grêle et l'orage
Ne gâtent point mon ouvrage,
Jamais il ne dépérit.
En hiver, lorsque tout gèle,
Malgré la bise cruelle,
Mon rosier toujours fleurit.

Les arbrisseaux que j'élève
Sont des mieux fournis de sève ;
Bientôt ils donnent du fruit ;
Et la fleur la plus tardive,
Sitôt que je la cultive,
Dans l'instant s'épanouit.

Lorsque la charmille pousse,
D'une main légère et douce,
Je lui donne une façon.
Souvent je plante et je sème,
Mais mon plaisir est extrême
Lorsque je greffe un tendron.

Je fais pommer la laitue,
Et la fais grossir à vue,
Dans les plus rudes saisons ;
Et souvent ma peine utile
Sur une couche fertile
Fait naître des cornichons.

J'ai banni de mon parterre
Les fleurs qu'on n'estime guère,
Le pavot et le souci.
Belle de nuit, marguerite,
Chez moi sont les fleurs d'élite ;
La pensée y croit aussi.

J'ai soin d'une jeune rose,
Sans me lasser je l'arrose
Le matin comme le soir ;
Mais pour la vieille immortelle,
Sitôt que je suis près d'elle,
Je détourne l'arrosoir.

LE FACTEUR DE LA PETITE POSTE.

Air : *Lon farira dondaine , gué.*

SEUL dans ce canton ,
Je me fais connaître ;
Filles du bon ton ,
Apportez la lettre ,
    Bon ,
Lon farira dondaine ,
    Gué ,
Lon farira dondé.

Je suis assidu ,
Aussi j'ai la presse ;
Le tout est rendu
Juste à son adresse ,
    Bon ,
Lon farira dondaine ,
    Gué ,
Lon farira dondé.

D'un amant chéri
Je sers la conquête ;

Plus d'un bon mari
Contre moi tempête,
Bon
Lon farira dondaine,
Gué,
Lon farira dondé.

M. T.

MA LAITIÈRE.

AIR : *Gentille boulangère.*

MA gentille laitière
Porte deux pots au lait,
Qui fourniraient matière
A bien plus d'un couplet.
Heureux son ami tendre
Que le soir elle attend.
Heureux qui peut lui rendre
Tout le lait qu'elle vend.

MARÉCHAL.

CONTRE LES SAVANS.

AIR : *Chantez, dansez, etc.*

Idole d'un nombre de sots,
Perte du temps, vaine science,
Magasin de faits et de mots,
Qu'un autre que moi vous encense;
Le vin, l'amour et les chansons,
Qu'a-t-on besoin d'autres leçons?

La fable a voulu faire voir,
En nous peignant Daphné rebelle,
Qu'un étalage de savoir
Ennuya toujours une belle.
    Le vin, etc.

Soixante siècles écoulés
D'un savant occupent la tête;
Il parle si vous le voulez,
Mais vous n'entendez qu'une bête.
    Le vin, etc.

Loin de nous, jaseur important;
Qui professez la politique,

Apprenez à jouir du temps,
Au lieu d'en faire la critique.
Le vin , etc.

Je chante, je ris et je boi
Du vin que me verse Climène ;
Voilà mon savoir, mon emploi,
Le reste coûte trop de peine.
Le vin, l'amour et les chansons,
Qu'a-t-on besoin d'autres leçons ?

L'APPRENTI BRODEUR.

Air : *Ton humeur est , Catherine.*

Jamais d'un feu plus sincère
Un cœur ne s'est vu *brûler.*
Je ferai tout pour vous plaire,
Et veux apprendre à broder.
— Vous faites de bel ouvrage ;
Laissez cela, gros *lourdaud,*
Déjà votre apprentissage
M'use plus d'un écheveau.

A UN ASTROLOGUE.

Air : *Il faut partir, Agnès l'ordonne.*

Que d'une science importune
Les enfans d'Euclide soient fiers !
Que dans le soleil ou la lune
Ils lisent nos destins divers.
J'abandonne aux savans d'Europe
Jupiter, Mercure et Phébus.
Pour diriger mon télescope
Sur la planète de Vénus.

L'astrologue, avec sa lunette,
Annonce la calamité ;
Fort souvent, avec sa planète,
Il se perd dans l'immensité.
L'astre brillant qui l'inquiète
Echappe à ses regrets confus,
Et bientôt le savant regrette
De n'avoir pas suivi Vénus.

Oui, malgré son humeur légère,
Vénus préside à tous nos jours ;

Anacréon octogénaire
Ne cessa de suivre son cours.
L'inconstance, dans Idalie,
Est la première des vertus;
On dit de l'amant qui varie
Qu'il suit l'étoile de Vénus.

Amis! que cet astre prospère
Soit le seul fêté désormais!
Mars peut nous déclarer la guerre,
Le soleil brûler nos guérêts.
Que Saturne, Herschell et la Terre
M'accablent de maux imprévus!
Je ris de leur vaine colère,
Au sein de l'astre de Vénus.

J. P. CHEVALIER-S-AMAND.

LA LAITIÈRE.

Air connu.

Voila, voilà la petite laitière,
Qui veut acheter de son lait ?
L'autre jonr, avec Colinet,
Assise au bord de la rivière,
Nous faisions ensemble un bouquet,
Et d'une gentille manière ,
Nous mêlions la rose à l'œillet,
Voilà , etc.

Nous mêlions la rose à l'œillet,
Et mainte autre fleur printanière.
Il s'en saisit quand il fut fait,
En me disant : tiens , ma bergère ,
Veux-tu l'avoir à ton corset ?
Voilà, etc.

Veux-tu l'avoir à ton corset ?
Ne fais donc pas tant la sévère ;
Donne un baiser à Colinet.

J'eus beau montrer de la colère,
Malgré moi le marché fut fait ;
Voilà, voilà la petite laitière,
Qui veut acheter de son lait !

AUSCIUME.

LE MAITRE D'ECRITURE.

AIR : *Femmes, voulezvous éprouver.*

C'EST par mon art ingénieux
Que l'on rapproche la distance ;
Par lui, l'objet cher à nos vœux
Est présent, même en son absence.
Billet d'amour peut exprimer
Heureux transport, tendre délire,
Ah ! le premier qui sut aimer
Dut le premier savoir écrire.

LÉGER.

LA MARCHANDE

DE SACS OU DE RIDICULES.

Air du petit matelot.

Un sac est un vrai nécessaire,
Un porte-feuille, un agenda,
On y place lettres d'affaires,
Bourse, portrait, et cœtera.
Le tout est rangé de manière
Que malgré ce plaisant mic-mac,
Ce que pour l'époux il faut faire
Reste toujours au fond du sac.

Des formes d'un joli corsage
Les poches gâtaient le contour;
Un sac, qui sert au même usage,
De plus est utile à l'amour.
Chez Gerchi madame va t-elle,
Au Luxembourg, au Ranelag,
L'amant prend le bras de la belle,
A l'époux on donne le sac.

Par distraction on le jette
Sur un sopha, sur un fauteuil;
Au fidèle amant qui le guette,
On fait un signal, un coup d'œil.
Il vante avec délicatesse
Le goût, la couleur; l'ouvre, et crac,
Il fait glisser avec adresse
Un billet doux au fond du sac.

LE FAGOTIER.

Air de Blaise et Babet.

C'EST pour toi que je les arrange,
Les fagots de notre chantier;
Là, tout me rappelle, ô mon ange!
Et mon amour, et mon métier.
Cet amour, en vain je l'évite,
Les fagots m'y parlent de toi,
Et la bûche la plus petite
Te rend encor présente à moi.

LE MAITRE DE DANSE.

'Air du vaudeville de la ferme et le château.

ZÉPHIR est le nom qu'on me donne,
J'eus pour père certain marquis ;
Ma tendre mère était baronne ;
Ét ma naissance, dans Paris,
Fut la suite, mes chers amis,
D'une *sauteuse* que mon père
Avait fait danser à ma mère.
Hommes, femmes, filles, garçons,
Par mon art je veux vous surprendre :
Hommes, femmes, filles et garçons,
Venez prendre
De mes leçons.

Mon art rend fameux, il élève ;
Il existait au temps passé ;
Car Adam a fait danser Ève ;
David devant l'arche a dansé.
Avec Agnès Charle a valsé,
Dunois avec notre pucelle,

Henri quatre avec Gabrielle.
Hommes, femmes, etc.

J'ai le *dos-à-dos* pour les femmes,
Le *vis-à-vis* pour les fiancés,
Pour les maris, *changez de dames* .
Pour l'homme en place, *balancez*,
Pour les étrangers, le *chassez.*
Pour vous qui prenez tant de peines,
Libéraux, je garde la *chaîne*;
Hommes, femmes, etc.

Ah ! que de fois, fille jolie,
Fit avec moi son premier pas !
La danse aussi, toute ma vie,
A mes yeux aura des appas ;
Je veux même, après mon trépas,
De Proserpine faire encore
Une nouvelle Therpsicore !
Hommes, femmes, filles, garçons,
Par mon art je veux vous surprendre,
Hommes, femmes, filles, garçons,
      Venez prendre
      De mes leçons.

Ernest Rinault.

LE PÊCHEUR.

AIR : *La farira dondaine, gué.*

Vive un bon luron,
Que rien ne chagreine,
Qui vide un flacon
Sans reprendre haleine,
    Bon,
La farira dondaine,
    Gué,
La farira dondé.

C'est à l'hameçon
Que pêche Climène :
J'endors le goujon
Pour qu'elle le prenne,
    Bon,
La faridondaine,
    Gué,
La faridondé.

Avec les tendrons
Qu'amour nous amène,

Le soir, je pêchons
Au bord de la Seine,
　　Bon,
La faridondaine,
　　Gué,
La faridondé.

D'ici le patron
Va pêcher Climène;
Un pareil goujon
En vaut bien la peine,
　　Bon,
La faridondaine,
　　Gué,
La faridondé.

———————

LE DÉGRAISSEUR.

AIR : *Dépêchons, dépêchons, dépêchons-nous.*

QUE d'ouvrage aujourd'hui survient!
Comme la pratique
Se porte dans ma boutique !
Naguère encor, il m'en souvient,
C'était différent, mais le bon temps re-
vient.
Nettoyons, nettoyons, nettoyons bien,
Que de ces habits ma main détache
Chaque tache :
Nettoyons, nettoyons, nettoyons bien,
Et que sous ma brosse il n'en reste plus
rien.

Que d'abord mon art bienfaiteur
Soigne cette robe
Dont il faut que je dérobe
Certain signe un peu délateur
Au regard perçant d'un ombrageux tu-
teur.
Nettoyons, etc.

Passons vite à ce bon vivant,
  Le public s'en gausse,
  Pour le voir tout gras de sauce,
De la table d'un *ci-devant* ;
Renversée, hélas ! d'un fatal coup de
 vent,
Nettoyons, etc.

Vous aussi, l'abbé monseigneur....
  Sur votre soutane
  Porterai-je un bras profane ?
Quoi ! même de l'oint du seigneur
Cire d'antichambre a terni la candeur ?
Nettoyons, etc.

La fortune en coupant trop court,
  Vous a de sa roue,
  . Chambellan, couvert de boue ;
  A mes soins puisque l'on recourt
Je vous veux encor voir briller à la cour.
Nettoyons, etc.

A qui ces haillons vermoulus ?
  Grand dieu ! d'un sicaire
  C'est la veste décadaire !....

Loin d'ici.... Mais non : au surplus,
Passons-y l'éponge, et qu'on n'en parle
plus.
Nettoyons , etc.

A tout mon talent parviendra ,
Lorsque la macule,
Bravant l'œil du ridicule,
Aux vêtemens trop fort tiendra ;
Chalands , point de crainte : eh bien! on
les teindra.
Nettoyons, nettoyons, nettoyons bien,
Que de ces habits ma main détache
Chaque tache :
Nettoyons, nettoyons, nettoyons bien,
Et que sous ma brosse il n'en reste plus
rien.

DE SAINT-LAURENT,

L'EPICIER.

Air du vaudeville du Procès.

DE tous les marchands du quartier
Mon épicier est le plus leste ;
Me faut-il sel , poivre ou papier,
A me servir il est très-preste ;
Me faut il cinq sols de tabac,
Sa promptitude est sa réponse ;
Crac, mon affaire est dans le sac,
Ça ne pèse pas une once.

CHATILLON.

LE MARÉCHAL FERRANT.

Air connu.

JE suis un pauvre maréchal ;
Et je me donne bien du mal
Pour mettre en vogue ma boutique.
Messieurs, daignez être indulgents,

9

Pour faire voir qu'en bons chalands
Vous m'accordez votre pratique.

Tôt , tôt , tôt ,

Battez chaud ,

Tôt , tôt , tôt ,

Bon courage ,

Il faut avoir du cœur à l'ouvrage.

LA CHAPELIÈRE.

Air : *Il faut quitter ce que j'adore.*

QUAND vient une mode nouvelle,
Chez la chapelière je cours,
Et , pour voir sans témoins la belle ;
A maints prétextes j'ai recours.
Elle a le meilleur caractère,
Et le physique le plus beau ;
Mais je crains que la chapelière
Ne me donne un mauvais chapeau.

L'AMOUR CHAPELIER.

Air : *En jupon court , en blanc corset.*

Dans les affiches de Cythère ,
L'amour m'a dit de publier
Qu'il venait enfin de se faire
Recevoir maître chapelier.

Pour entretenir sa fabrique,
L'essaim des jeux , à petit bruit,
Au fond de l'arrière-boutique
Foule et refoule jour et nuit.

Bien que ce détail soit énorme ,
Cupidon fait seul tous les frais,
De mettre et de remettre en forme
Les chapeaux qu'elle repasse après.

Pour Vénus, à l'humaine engeance ,
Dans le comptoir elle sourit,
Et nomme *lurons de la gance*
Les chalands que son fils fournit.

C'est en faveur du militaire
Qu'il se montre rempli d'égards;
De la ceinture de sa mère,
Il fait des cocardes pour Mars.

PIIS.

LE MARI GÉOGRAPHE.

AIR : *J'ai vu partout dans mes voyages.*

MARI qui prend femme jolie,
Par bon ton la fait voyager;
Ainsi, dans la géographie
Il s'instruit, sans se déranger.
Monsieur ne sort pas du ménage;
Et ne bouge pas de Paris;
Mais madame, sans qu'il voyage,
Lui fait voir beaucoup de pays.

LE MARCHAND TAILLEUR.

Air du vaudeville d'Abusar.

Je vends de la *perse* aux auteurs,
Aux grands hommes de l'*éternelle*.
Des *doublures* pour les acteurs,
Aux coquettes de la *prunelle*;
Le *bleu céleste* aux vrais amis,
La fleur de *pensée* aux artistes;
Aux romanciers le *verd-de-gris*,
Les *sept-couleurs* aux journalistes.

Chazet.

Fin.

TABLE

DES CHANSONS.

www.ingramcontent.com/pod-product-compliance
Lightning Source LLC
Chambersburg PA
CBHW060634100426
42744CB00008B/1629